M. PAUL SAUZET

ANCIEN PRÉSIDENT DE LA CHAMBRE DES DÉPUTÉS

PAR

M. R. CHANTELAUZE

PARIS

E. PLON ET Cⁱᵉ, IMPRIMEURS-ÉDITEURS

RUE GARANCIÈRE, 10

1876

M. PAUL SAUZET

PARIS. TYPOGRAPHIE DE E. PLON ET Cie, RUE GARANCIÈRE, 8.

M. PAUL SAUZET

ANCIEN PRÉSIDENT DE LA CHAMBRE DES DÉPUTÉS

PAR

M. R. CHANTELAUZE

PARIS

E. PLON et Cie, IMPRIMEURS-ÉDITEURS

RUE GARANCIÈRE, 10

1876

M. PAUL SAUZET

I

Un de mes vœux les plus chers serait de pouvoir esquisser dignement et d'une manière durable la noble figure du grand orateur que vient de frapper la mort, de l'homme d'État éminent qui sut présider avec une supériorité marquée une de nos Assemblées parlementaires, du savant jurisconsulte qui consacra les dernières années de sa vie à étudier les réformes à introduire dans nos lois civiles. Une telle tâche eût demandé sans doute une main plus sûre et plus exercée que la mienne, mais elle m'est imposée par tant de précieux souvenirs de famille, d'affection, de reconnaissance, que je la considère comme un devoir de cœur, et j'ose l'entreprendre sans hésitation.

Pour ne pas rester trop au-dessous d'un sujet qui exige des informations aussi étendues que variées, j'ai eu recours aux sources officielles, au *Moniteur,* aux historiens du temps; j'ai consulté les amis de M. Sauzet et plusieurs membres de sa famille ; enfin j'ai fait usage de notes rassemblées avec le plus grand soin et de conversations intimes que j'ai recueillies de sa bouche même dans les épanchements de l'amitié. C'est le fruit de ces recherches que j'offre aujourd'hui au lecteur, non sans réclamer toute son indulgence.

La longue existence de M. Paul Sauzet se divise tout naturellement en trois parties : sa vie au barreau, sa vie publique, sa vie au sein d'une retraite volontaire. Essayons de les raconter tour à tour.

Plaçons-le d'abord dans le milieu où il a passé les premières et les dernières années de sa vie, dans son vrai cadre, dans son cadre lyonnais. Il naquit à la fin du dix-huitième siècle, le 23 mars 1800, à Lyon, la ville essentiellement catholique, à l'heure où l'on sortait de la Terreur, où la foi mourante s'était retrempée dans le sang des échafauds, où les Lyonnais, dans leur enthousiasme, offraient à l'auteur du *Génie du christianisme* une villa sur les bords de la Saône, afin de l'attirer parmi eux [1].

Il appartenait à une de ces familles de vieille souche bourgeoise, qui, en adoptant avec ardeur les idées libérales des temps nouveaux, avaient su garder intactes les traditions religieuses du passé. C'était de la Gascogne que la famille tirait son origine. Le grand-père, médecin distingué, était venu le premier planter sa tente à Lyon. Le père, né avec un bel organe et du talent pour la déclamation, s'était senti un goût très-prononcé pour la carrière du barreau, mais il en fut détourné par la volonté paternelle, et il dut se consacrer aux études médicales. Reçu docteur à l'ancienne Faculté de médecine de Paris, au moment où la Révolution éclata, il embrassa avec enthousiasme

[1] Lettre de Chateaubriand du 13 prairial (1803).

les idées de 89, et subit, en 93, une année de prison pour crime de *modérantisme*. Rentré à Lyon après le 9 thermidor, il y épousa une femme distinguée, sœur de MM. Baboin, banquiers de l'armée de Condé, et, sur la fin de sa vie, il devint médecin en chef de l'hospice de la Charité.

C'est dans cette famille, profondément libérale et chrétienne, c'est au milieu de cette renaissance de la foi dans la ville des saint Pothin et des saint Irénée, que le jeune Paul Sauzet puisa les convictions religieuses et politiques de toute sa vie. Il tenait de son père ce magnifique organe musical que l'on ne pouvait entendre sans l'admirer et la première étincelle de son talent oratoire, d'un caractère tout méridional.

L'enfant annonça de bonne heure ce que devait être l'homme.

1.

« A dix ans, dit Cormenin, il récitait un chapitre du *Télémaque,* qu'il n'avait lu qu'une seule fois. »

Après de brillantes études au lycée de Lyon, il était reçu bachelier à quinze ans avec dispense d'âge, et passait tous ses examens à la Faculté de droit de Paris avec des boules blanches.

Dans une conférence de l'École de droit dont il faisait partie, il montra des dispositions si remarquables à porter la parole; il avait d'ailleurs si hautement affirmé ses opinions politiques, que ses camarades le choisirent à l'unanimité pour prononcer le discours de clôture, qui eut les honneurs de l'impression.

Ses études de droit terminées, il choisit le barreau de Lyon, et, au bout de trois ou quatre ans, il était à la tête du premier cabinet d'avocat de cette grande ville.

Causes criminelles, questions d'état civil, d'administration ou de procédure, les plus compliquées, affaires de commerce les plus hérissées de chiffres, il les plaidait toutes, sans jamais se servir d'une note, avec une science du droit, une clarté d'exposition et une faculté d'improvisation extraordinaires. Jamais avocat ne saisit avec plus de promptitude que lui le fort et le faible, le joint d'une affaire ; il semblait se jouer, comme à plaisir, au milieu des difficultés les plus grandes, des questions de droit les plus ardues et les plus épineuses [1].

---

[1] « Souvent il paraissait ne prêter qu'une oreille distraite aux explications du client, et lorsque celui-ci l'interrogeait pour savoir s'il avait été compris, il était tout étonné d'entendre exposer sa cause avec une clarté et une

Rien n'égalait l'impétuosité et la dextérité de ses attaques, l'à-propos, l'habileté et l'imprévu de ses ripostes ; il était passé maître dans cette brillante escrime. « Comme M. de Martignac, a dit Cormenin, il pare avec adresse et passe à côté du coup de lance. Il ne se laisse pas facilement désarçonner, et glisse à terre plus qu'il n'y tombe. Comme M. de Martignac, M. Sauzet résume admirablement les opinions d'autrui, et il se tire des discussions les plus tortueuses avec une sagacité, une délicatesse et un art qu'on n'a pas assez loués. »

Son élocution, alimentée sans cesse par l'abondance de ses idées et par une mémoire inépuisable, coulait avec limpidité et à pleins

précision qui la lui apprenaient à lui-même. » (*M. Sauzet, Variétés* dans *l'Union de l'Ouest* du 28 août 1876, par M. G. D'ORGEVAL-DUBOUCHET.)

bords. Toujours harmonieuse, sans cesse au diapason de l'auditoire, c'était, me disait un avocat, son contemporain, « comme une musique d'audience ».

Bientôt sa réputation s'étendit au loin. Il fut appelé à se mesurer à différentes barres avec les plus grands avocats de Paris, avec les Mérilhou, les Hennequin et les Dupin.

Lorsque Berryer allait plaider dans le Midi : « Sauzet est-il là? » demandait-il en arrivant, et l'un de ses plus grands plaisirs était de le compter au nombre de ses auditeurs[1].

Aujourd'hui on aurait quelque peine à croire

[1] J'ai recueilli la plupart de ces détails, il y a quelques années, de la bouche de quelques avocats distingués du barreau de Lyon, qui avaient assisté aux débuts de M. Sauzet. Je citerai notamment MM. Magneval et Vincent de Saint-Bonnet, excellents juges en pareille matière.

aux éclatants succès que le jeune orateur obtint au début de sa carrière, s'ils ne nous étaient attestés par tous ses contemporains. Voici un portrait de lui, peint au vif par M. Gayet, bâtonnier actuel du barreau de Lyon, et qui nous donne la mesure de l'impression profonde qu'il produisait sur son auditoire :

« Nos générations, disait-il récemment sur sa tombe, ne l'ont pas entendu. Il y a quarante ans qu'il plaidait pour la dernière fois ; mais les récits de nos anciens, encore tout vibrants de leurs admirations, nous ont rendu, en traits si saisissants, l'éloquence de Sauzet, que nous pouvons nous en faire une image affaiblie..... Sauzet portait jusqu'à la perfection l'ensemble de ces qualités, dont une seule illustre un avocat. Pour redire ces dons multiples et ses cordes toujours frémissantes, on a nommé tous ses contemporains, on a rappelé le plus beau don de chacun d'eux, l'éloquence de Berryer, la verve puissante et originale de Dupin, l'esprit d'Hennequin, la forte dialectique de Tripier, l'élévation de Marie. C'est qu'il les réunissait et les résumait tous; c'est qu'il avait, à un degré incomparable, tout ce qui rend irrésistible à la barre : les hautes considérations philosophiques de l'interprétation de la loi, la logique et le nerf de la discussion, le charme du récit, le pathétique ou l'élan des grands mouvements oratoires, les saillies de l'esprit et le piquant de la plaisanterie, et jusqu'aux ressources subalternes, mais infinies, de l'homme rompu aux affaires, familier avec les plus ingrates aridités de la procédure, et tout cela servi par deux dons de valeur inégale, mais sans prix, aux ordres d'un talent pareil : une merveilleuse élocution, une mémoire qui tenait du prodige. La parole coulait de ses lèvres, pressée, limpide, brillante, imagée, avec une abondance et un ton cicéroniens. Le mot, le nom, le chiffre, une fois entendus ou entrevus, se gravaient dans son souvenir comme l'acier sur la pierre.

« Il n'est pas d'orateur complet sans les moyens physiques dont l'éloquence est tributaire. En Sauzet, la sonorité et la flexibilité de l'organe, l'ampleur et la noblesse du geste, la mobilité expressive du regard et du visage, l'élévation de la taille achevaient l'orateur.

« Pour cette organisation privilégiée, les plus magnifiques élans semblaient l'épanouissement naturel d'une sorte de floraison intérieure. Ainsi s'expliquent cette spontanéité, cette facilité, cette apparence d'improvisation perpétuelle qui faisaient l'étonnement des auditeurs de Sauzet et le désespoir de ses rivaux. Il n'a jamais rien écrit, il n'a jamais rien préparé dans le recueillement du cabinet et la tension de l'effort. Quelques heures de méditation qu'on aurait cru distraite, d'élaboration tout intime, puis jaillissaient, comme d'une source inépuisable, ces plaidoiries qui maîtrisaient les convictions ou enchaînaient l'attention ravie, appelaient tour à tour le rire ou les larmes, faisaient éclater les auditoires en tonnerres d'applaudissements.

« Mais comment tenter de rendre, par quelques mots glacés, cette essence subtile et puissante, cette flamme divine qui est l'éloquence? Comment, après tant d'années, ranimer cet orateur et cette renommée, retracer cette carrière si courte et si brillante? On se lasse à en compter les triomphes, qui furent de chaque jour et de chaque cause. Sauzet a touché à toutes les affaires, plaidé devant toutes les juridictions : procès politiques, procès criminels, procès civils; il a tout animé, tout transfiguré de son souffle; il a émerveillé la Cour des pairs comme des jurys de campagnards. Telle de ses plaidoiries est restée comme une fête dans les souvenirs des villes qui l'accablaient d'ovations, après avoir couru l'entendre, et je me rappelle une page de *Mémoires* où le sceptique, l'ironique Stendhal raconte en termes ravis ses émotions à Grenoble en écoutant Sauzet. »

Voici le passage en question qui, de la part d'un tel juge, fait autorité :

« Dans un procès célèbre, dit Stendhal, où une femme jeune, jolie et pieuse, demandait à être séparée de son mari, l'intérêt était si vif

que dès huit heures du matin les dames de Grenoble occupaient toutes les places de la vaste
salle d'audience. M. Hennequin parla fort bien
le premier jour ; le second, M. Sauzet parla encore mieux. Tout le monde se disait : « Ce
pauvre M. Ménard (le procureur général), si
simple, si modeste, va être écrasé. » Il prit la
parole et ne s'écarta presque pas du ton simple
de la conversation. On ne respirait pas pour
pouvoir l'écouter, me disait ce soir madame N.
Il changea toutes les idées qu'on avait sur le
procès, et enfin, quand il eut fini, malgré le
respect dû à la Cour de justice, il fut applaudi
avec enthousiasme. Pourquoi M. Ménard n'est-
il pas à la Chambre [1] ? »

Vers la fin de sa vie, l'illustre orateur se
plaisait à rappeler ces souvenirs lointains et à

[1] *Mémoires d'un touriste*, t. II, p. 158.

faire d'ingénieuses comparaisons entre nos avocats méridionaux et ceux du Nord, pour signaler le caractère particulier de leur éloquence. Dans un charmant récit, M. Oscar de Vallée a fait revivre un de ces intéressants entretiens auxquels il avait assisté :

« Comme si nous avions été à Tusculum…, dit-il, il se mit à comparer les avocats du Midi de la France à ceux du Nord et de Paris. J'aurais dû écrire, et vous auriez eu comme un riche fragment du *De oratore*. « Nous autres, disait-il, nés sous le ciel du Midi, échauffés par ses rayons, recevant le souffle attiédi, mais encore caressant, d'Athènes et de Rome, nous sommes abondants, colorés, musiciens, superflus ; mais combien j'admire cette forte sobriété du barreau de Paris, sa précision, sa langue quelquefois sans feu, mais presque toujours sans nuage. » On eût dit Cicéron parlant d'Antoine; et alors il se répandit en jugements élevés, équitables, doux, sur les grands avocats de son temps : Dupin, Pailliet, Chaix-d'Est-Ange. Quelle matière! Mais comme il fut intéressant, et que d'éloquence naturelle, chaude, expressive, il déploya durant une heure sur ce sujet et sur ces hommes qui venaient d'eux-mêmes se placer sous sa palette et se fixer dans ce tableau de chevalet, fait au coin du feu, en un instant, devant mes oreilles charmées et mes yeux éblouis! Il donna généreusement, et en s'oubliant lui-même, la préférence aux avocats du Nord, et à ceux de Paris surtout, dont plusieurs réunissaient alors les beautés de la forme et jusqu'aux ivresses de la parole à la science, à la précision, à la simplicité[1]. »

[1] *Gazette des tribunaux* du 27 juillet 1876.

M. Sauzet était bien, en effet, essentiellement, et ainsi qu'il le définit lui-même, un
orateur méridional, aimant par-dessus tout,
dans l'expression de la pensée, l'harmonie et
la couleur. Mais telle était la puissance de son
esprit et le don surprenant de métamorphose
dont il était doué, que, lorsqu'il le voulait, il
arrivait, lui aussi, sans le moindre effort, à la
simplicité, à la clarté, à la précision des premiers avocats de Paris. Il y avait en lui deux
orateurs très-distincts, et qu'il faisait parler,
comme à plaisir, à tour de rôle : l'orateur plein
de sentiment et de passion, qui se laissait entraîner, comme malgré lui, au torrent du discours, et l'orateur d'affaires, celui que la
Chambre des députés a entendu si souvent,
toujours maître de lui-même, net, clair, ra-
pide, à l'argumentation serrée et marchant
droit au but sans se laisser distraire par rien

de ce qui est du domaine de l'imagination.

De même que tout écrivain, chaque orateur a sa manière de travailler, sa méthode de préparation, d'élucubration préliminaire. Il ne sera pas sans intérêt de connaître celle mise en œuvre par le grand orateur. Un jour que l'auteur de ces lignes lui demandait comment il préparait ses discours, il lui répondit, dans ce langage familier auquel il savait presque toujours donner un tour original : « La veille d'une plaidoirie, d'un discours, j'avais pour habitude de m'étendre sur mon canapé, de méditer mon sujet ; peu à peu j'entrais en ébullition, je m'endormais là-dessus, et le lendemain tout était filtré. »

Il s'était acquis une telle réputation que M. Courvoisier, ancien procureur général à Lyon, devenu garde des sceaux, lui offrit d'entrer, soit dans le parquet de la Cour royale de Paris, soit au Conseil d'État, en qualité de maître des requêtes.

Il crut devoir refuser. La politique du ministère du 8 août ne pouvait lui convenir ; il appartenait de cœur à l'opposition, cherchant à concilier, me disait-il un jour, les sentiments catholiques de sa famille avec le culte des grands souvenirs de l'Empire et les idées libérales du temps [1].

La révolution de 1830 éclata. Le jeune avocat, qui n'avait jamais trempé, ni de loin ni de près, dans une conspiration, accueillit avec des transports de joie le gouvernement de Juillet. Nommé membre du

[1] Depuis, il avait pu facilement se rendre compte de tout ce qu'il y a d'incompatible entre les éléments d'une telle coalition.

conseil de discipline du barreau de Lyon, il fut chargé de rédiger l'adresse de remercîment à Louis-Philippe pour avoir rendu aux avocats l'élection des membres du conseil de leur ordre, et ce fut lui qui fut choisi, avec le bâtonnier, pour la porter au nouveau Roi.

Bientôt une occasion se présenta pour M. Sauzet de mettre le comble à sa réputation d'orateur. Il n'avait pas trente ans lorsque le dernier garde des sceaux de Charles X, autrefois avocat général à Lyon, et témoin de ses éclatants débuts, le choisit pour défendre sa cause devant la Cour des pairs.

Voici comment M. Sauzet, trente ans plus tard, dans l'*Éloge de M. de Chantelauze,* prononcé devant l'Académie de Lyon, racontait avec une grâce touchante et modeste ce grand épisode de sa vie :

« Une grande épreuve pesa sur la vie de M. de Chantelauze, une haute faveur brilla sur la mienne. L'illustre accusé reporta ses regards sur la ville qu'il avait tant aimée, sur le jeune barreau qu'il avait patronné tant de fois. Des souvenirs de mutuelle estime lui revinrent en mémoire. Il savait qu'il pouvait compter sur la sincérité de mon dévouement, et malgré ma jeunesse, il voulut bien s'en exagérer la puissance. Il fit appel à mes efforts, j'étais fier de les lui consacrer ; une telle cause eût prêté des ailes à toutes les faiblesses, et quelque retentissement qu'aient pu soulever depuis, autour de mon nom, les faveurs ou les rigueurs de la fortune, l'honneur de l'avoir mêlé à cette mémorable journée comptera toujours comme le plus grand souvenir de ma vie [1]. »

La situation indépendante de M. Sauzet, ses opinions libérales bien connues, son attachement au gouvernement nouveau lui donnèrent une grande force. Son éloquence fut à la hauteur d'une telle situation.

« Les audiences s'ouvrirent, poursuit-il. Jamais plus haut débat n'avait été soumis à l'appréciation des hommes. Tout était grand, les principes comme les faits. Il fallait creuser jusqu'aux plus intimes origines de la société et mettre à nu ses plus mystérieux fondements. Les sources et les conditions du pouvoir, les limites des devoirs de la fidélité et des droits de la résistance, le pouvoir constituant ou les

[1] *Éloge de M. de Chantelauze,* par M. Paul SAUZET, in-8°, Lyon, 1860.

conflits parlementaires, la dictature ou l'impuissance sociale, la terrible alternative du despotisme qui ne sauve rien et de l'anarchie qui perd tout, la sainte autorité des traditions et la juste puissance des besoins nouveaux, le dernier mot enfin de ce suprême équilibre qui peut seul garantir la paix des trônes et la liberté des nations : redoutables problèmes que la plus sublime philosophie n'a point encore dénoués, problèmes éternellement posés, quelquefois tranchés, jamais résolus, sans cesse renaissants, avant nous, après nous, en deçà comme au-delà des Alpes et des Pyrénées. Nos yeux les ont lus dans l'histoire, et, pour peu que nous prêtions l'oreille, nous les entendons retentir autour de nous. Voilà ce qu'était le procès pour les principes. Pour les faits, c'était l'histoire de toutes nos discordes, l'héritage de toutes nos catastrophes ; l'interprétation de cet article 14, déposé en germe dans toutes les constitutions ; la Charte tour à tour invoquée et méconnue..., la France divisée en deux camps par d'implacables passions et de déplorables malentendus ; des luttes armées où la bonne foi peut se trouver des deux parts, et qui ne doivent laisser que des prisonniers de guerre et non des accusés [1]. »

M. Sauzet s'attacha à démontrer qu'un pouvoir dominant est nécessaire, quelle que soit la forme du gouvernement, et qu'il ne saurait y avoir de charte sans article 14 ; que tous les faits prouvaient qu'il y avait alors antipathie entre le pouvoir parlementaire et la branche aînée ; que, par conséquent, le Roi avait le droit de se défendre, et que ses con-

---

[1] *Éloge de M. de Chantelauze.*

2.

seillers avaient dû incliner du côté de la royauté; s'il y avait délit, on avait puni la royauté, et dès lors « la responsabilité ministérielle disparaissait dans le naufrage de l'inviolabilité royale ».

« D'après la Charte, le Roi étant inviolable, ses ministres seuls sont responsables, ajoutait M. Sauzet, or, vous avez frappé le Roi, donc, vous ne pouvez frapper ses ministres. » Si les ministres ont violé la Charte, la violation de la Charte n'est-elle pas plus grande de la part de ceux qui détruisent l'inviolabilité royale? La fiction de la responsabilité ministérielle n'ayant été introduite dans la Charte que pour sauvegarder l'inviolabilité royale, cette responsabilité des ministres n'existe plus le jour où la monarchie est renversée[1].

[1] *Moniteur,* t. LXXXII, p. 1781-1787.

« M. Sauzet, défenseur de M. de Chantelauze, dit M. Guizot[1], frappa la Cour et le
public par une éloquence élevée, abondante,
pleine d'idées, d'émotions et d'images, et qui
révélait dans l'orateur beaucoup d'intelligence
et d'équité politique, à travers le luxe un peu
flottant de sa pensée et de son langage. »

« L'effet produit fut immense, dit de son
côté Louis Blanc. Les pairs quittaient leurs
places et se précipitaient au-devant de l'orateur pour le féliciter[2]. »

« Il fut si éloquent, si persuasif, dit une
personne fort bien renseignée, qu'un grand
homme d'État, Royer-Collard, affirmait qu'on
n'avait rien entendu d'aussi saisissant depuis

[1] Guizot, *Mémoires,* t. II, p. 251.
[2] *Histoire de dix ans.* t. II, p. 203.

Mirabeau, et que le savant historien Niebuhr, presque mourant, ne pouvait résister au plaisir de se faire lire les superbes plaidoiries de M. Paul Sauzet[1].

« Il fut merveilleux, écrivait tout récemment M. Oscar de Vallée, il surpassa M. de Martignac, le charme fait homme, et arracha à M. Crémieux, qui devait parler après lui, ces mots qui jaillirent comme un écho fidèle et sonore : « Il faut que je parle, et j'écoute encore. » Mots charmants qui valent un poëme, et qui resteront attachés comme un tableau à la mémoire et à l'éloquence de M. Sauzet.... Ceux de nos jeunes confrères....

[1] Discours de M. le docteur Texier sur la tombe de M. Sauzet. « Ces détails, ajoute-t-il, que je tiens de la source la plus sûre, suffisent pour montrer l'immense succès de l'orateur lyonnais. »

qui cherchent les secrets de la véritable éloquence doivent lire et relire, étudier, méditer, absorber cette admirable plaidoirie; elle
est à la fois antique et moderne, il y règne
comme le souffle d'un dieu vaincu dans
Athènes, la fatalité y circule sous des traits
mortels et contemporains, tout y est beau,
puissant et large; l'habileté s'y rencontre avec
l'émotion, et les auditeurs racontent que rien
ne peut donner une idée du charme de cette
voix, de ce corps ondoyant et oratoire, de
cette jeunesse et de cette sincérité pénétrante,
j'allais dire de cette sublimité inattendue et
momentanée. La Cour des pairs, remplie de
vainqueurs et de sceptiques, en fut émue jusqu'aux larmes. Heureux homme! avant trente
ans, il avait trouvé une cause où son âme et
tout son talent avaient éclaté, une de ces
causes qu'on cherche souvent toute sa vie pour

y mettre ce qu'on a de trésors naturels et amassés, et pour faire cette maîtresse peinture que tout orateur a en lui [1]. »

Après un tel succès, qui en un seul jour avait rendu illustre le nom du jeune orateur, de grands efforts furent tentés pour le retenir à Paris. Mais il préféra, pendant plusieurs années, la vie du barreau à la vie publique. Ce fut à cette époque qu'il plaida quelques grands procès, dont plusieurs ont eu un grand retentissement. En 1833, il défendit le général de Saint-Priest, duc d'Almazan, impliqué dans l'affaire du *Carlo-Alberto,* et en faisant valoir le principe de l'inviolabilité des naufragés, il obtint son acquittement et celui de ses coaccusés [2].

[1] *Gazette des tribunaux.*

[2] MM. de Kergorlay père et fils, de Ménars, de Bourmont

Tel fut l'avocat et son génie oratoire. Essayons d'esquisser les traits de l'homme politique.

fils, de Lachau, de Candolle, de Bermond, Laget de Podio et mademoiselle Lebeschu. *Le Procès du Carlo-Alberto*, t. III, p 46, 91. Voir aussi l'appréciation de M. Hennequin, t. III, p. 92. Il est inexact, comme l'a dit M. Rittiez dans son *Histoire du règne de Louis-Philippe*, que le gouvernement favorisa l'acquittement des accusés. Le ministère public fit, au contraire, des efforts inouïs pour soutenir l'accusation.

M. Sauzet plaida aussi, à cette époque, pour M. Jules Favre, accusé d'avoir publié dans le *Précurseur* un compte rendu infidèle d'une audience de la Cour royale de Lyon. Il s'agissait de rayer M. Jules Favre du tableau des avocats. M. Sauzet obtint son acquittement.

II

De nouvelles instances furent faites à
M. Sauzet pour qu'il entrât dans la vie publique. Il finit par s'y rendre. Il fut élu député
par deux colléges électoraux, Lyon et Ville-
franche. A partir de ce jour, il renonça à la
vie du barreau et se consacra tout entier à la
vie parlementaire. Il arrivait à la Chambre
avec une telle réputation que le portefeuille
de l'instruction publique lui était destiné
d'avance dans le ministère des trois jours
(10 novembre 1834), dont faisaient partie

MM. Teste et Passy et le duc de Bassano[1]. Il arriva trop tard à Paris pour être mis en possession. Il prit sa place sur les bancs du centre gauche, à côté de MM. Dufaure et Passy, en ne cessant de se montrer conservateur, catholique, libéral, indépendant et conciliant.

Dans la session de 1834-1835, il parla contre M. Thiers[2] et contre l'ordre du jour demandé en faveur du cabinet du 11 octobre Ses débuts à la tribune furent si remarqués que le Nestor de la Chambre, Royer-Collard, le proclama l'un des premiers orateurs de son

[1] Le nom de M. Sauzet ne fut pas inséré au *Moniteur* parce qu'on voulait s'assurer de son adhésion. Une dépêche lui fut envoyée à Lyon pour le mander auprès du Roi; mais avant son arrivée le ministère avait déjà cessé d'exister.

[2] RITTIEZ, *Histoire du règne de Louis-Philippe*, t. II, p. 148.

époque [1]. Dans une autre discussion importante, celle de l'amnistie, M. Sauzet prit
encore la parole contre M. Thiers. L'opinion
de M. Sauzet était qu'il fallait empêcher le
procès d'avril en le prévenant par une amnistie [2]. Mais les débats une fois ouverts, il fut
d'avis qu'il n'était plus permis de paralyser
l'action de la justice, et qu'elle devait avoir
son cours. A cette occasion un écrit injurieux
et menaçant ayant paru contre la Cour des
pairs et portant la signature de MM. de Cormenin et Audry de Puyraveau, l'un et l'autre
députés, la Cour des pairs et le gouvernement
demandèrent l'autorisation de les poursuivre.
M. Sauzet fut choisi rapporteur de la commission de la Chambre des députés nommée pour
examiner l'affaire. Dans un lumineux rapport,

[1] Il avait dit de Berryer : « C'est une puissance. »
[2] RITTIEZ, t. II, p. 149.

dont les conclusions furent adoptées par la Chambre, et après une mémorable discussion, il proposa de refuser les poursuites en ce qui touchait M. de Cormenin, lequel déclarait n'avoir pas autorisé l'insertion de son nom, et qui, suivant le rapporteur, devait être cru sur parole, et de voter l'autorisation de poursuivre M. de Puyraveau, qui avait refusé de s'expliquer. Plus tard, ce rapport fut invoqué comme une autorité et comme ayant posé les vrais principes en pareille matière, par une commission du Corps législatif, qui s'appuya sur les doctrines de M. Sauzet pour proposer à la Chambre de refuser d'exercer des poursuites contre M. de Montalembert.

Ce fut vers la même époque, et pendant la prorogation des Chambres, qu'eut lieu l'attentat Fieschi. Les Chambres furent aussitôt rappelées, et on leur proposa de voter les lois de septembre. L'une de ces lois réduisait de huit à sept la majorité du jury en toute matière; l'autre aggravait contre la presse les garanties de cautionnement, de pénalité, et étendait la juridiction de la Chambre des pairs à certains délits de presse qualifiés d'attentats.

M. Sauzet combattit la première de ces lois de sa parole et de son vote. Il fut rapporteur de la seconde, et conclut à son adoption. La loi fut votée par la Chambre après une vive discussion, à laquelle il prit une grande part en donnant toute la mesure de sa haute capacité. L'opinion du rapporteur était qu'en se montrant très-sévère contre les délits de presse, on ne devait pas lui appliquer le régime préventif, la censure, et que le système répressif était à la fois le plus juste et le plus efficace.

Il s'était mis en pleine lumière par ses discours politiques et ses rapports d'affaires, entre autres par ses rapports sur le budget de la justice et des cultes, sur la responsabilité ministérielle, sur la nature des lois interprétatives. Comme homme d'affaires et de finances, il avait été fort apprécié dans les commissions du budget.

Il avait jeté un tel éclat à la tribune, que le plus impitoyable des critiques, à travers bien des restrictions de langage et des coups de griffe, était forcé de reconnaître que la Chambre des députés possédait un grand orateur de plus : « M. Sauzet, disait Cormenin, a ce qu'on appelle de beaux moyens, un organe sonore, un front ouvert, une intelligence

prompte et une élocution qui coule avec limpidité. Sa voix est ample, et elle enveloppe
l'auditoire. Il recherche la bienveillance des
autres et il leur communique la sienne. Il y a
dans sa physionomie, ses sentiments et son
langage, je ne sais quoi d'honnête et d'en-
gageant qui vous charme et qui vous attire...
Avec plus de science du droit et des affaires,
il a presque les vives fleurs et le module
cadencé d'un autre orateur, demi-dieu de la
poésie. C'est M. de Lamartine fait homme.....
M. Sauzet est de l'école de M. de Martignac,
moins tempéré, moins gracieux, moins élégant
que son maître, mais plus abondant, plus éloquent, plus pathétique et plus coloré....[1] »

A l'ouverture de la session de 1836,
M. Sauzet fut nommé premier vice-président

[1] CORMENIN, *Le livre des orateurs.*

de la Chambre. Avec son habileté ordinaire, il défendit le principe de la conversion des rentes contre le ministère du 11 octobre. Le ministère succomba sur cette question et fut remplacé par le ministère du 22 février (1836)[1]. M. Sauzet fit partie de ce dernier comme ministre de la justice et des cultes. Dans la question des fonds secrets, il défendit la politique du cabinet et posa un programme d'ordre et de conciliation[2]. Une grande majorité donna son approbation à la politique de ce ministère, et lui resta fidèle pendant toute la session.

Ce fut M. Sauzet qui fut appelé à défendre devant la Chambre des pairs le projet de loi organique sur la responsabilité ministérielle,

[1] RITTIEZ, t. II, p. 187.
[2] RITTIEZ, t. II, p. 193.

qu'il avait déjà fait adopter, comme rapporteur, à la Chambre des députés. Mais ce projet
ne put être converti en loi, parce que la session
était trop avancée pour que les amendements
de la Chambre des pairs pussent être reportés
à la Chambre des députés, et le ministère
s'étant retiré dans l'intervalle des deux
sessions, le projet ne fut pas repris à la
session suivante.

Ce fut aussi M. Sauzet qui soutint le projet
de loi contre les loteries secrètes, devenue
nécessaire par suite de l'abolition de la loterie
royale, et cette loi, votée sur ses conclusions,
mit fin à ces scandaleux désordres [1].

[1] « En 1836, pendant son passage aux sceaux de France,
un incendie dévora la toiture de la cathédrale de Chartres.
Il partit en poste pour se rendre sur les lieux. A son retour, assis au fond de la berline, il gardait le silence, dé-
vorant, suivant son habitude dans la méditation, son mou-

Ministre des cultes, M. Sauzet, par une conduite loyale et sympathique envers le clergé, s'efforça d'effacer dans son esprit le souvenir des hostilités qui s'étaient produites contre lui aux premiers temps de la révolution de 1830 [1].

Enfin, une grande commission ayant été formée pour préluder par la simplification de l'expropriation forcée à la réforme du système

choir de poche. Lorsque le dernier lambeau fut déchiré, il se retourna triomphant, et dit au député de Chartres qui l'accompagnait : « Mon discours est fait. » Il conserva toute sa verve pendant le reste du voyage, et en arrivant à Paris, il se rendit directement à la Chambre, où il obtint, au milieu des applaudissements d'une majorité peu prodigue des deniers du Trésor, les fonds nécessaires à la réparation du monument. » (*L'Union de l'Ouest* du 28 août 1876. *Variétés. M. Paul Sauzet,* par M. G. D'ORGEVAL-DUBOUCHET.)

[1] *La Chambre des députés et la révolution de Février,* par M. SAUZET, p. 127 à 147, et *le Mariage religieux,* par le même, p. 31, 32 et 33.

hypothécaire, elle s'ouvrit sous la présidence de M. Sauzet, garde des sceaux, le 25 août 1836. Mais tous les projets du ministère ne purent aboutir. Le Roi crut devoir se séparer de son cabinet sur la question de l'intervention en Espagne, proposée par ses ministres pour aller défendre la royauté constitutionnelle d'Isabelle, alors que l'Angleterre offrait sa coopération.

Le ministère aima mieux se retirer que de céder, et, en pleine possession de la majorité parlementaire, il quitta les affaires devant la prérogative royale.

Il fut remplacé, le 6 septembre 1836, par le ministère Molé-Guizot, qui adopta la politique du Roi.

En sa qualité de garde des sceaux, M. Sauzet avait été appelé à la présidence du Conseil d'État. « Je ne suis pas étonné, dit Cormenin, si excellent juge en pareille matière, qu'il ait présidé le Conseil d'État avec une si remarquable supériorité. Il fallait le laisser à la tête de ce grand corps de magistrature administrative. C'était là son talent, c'était là sa place, belle place. Je ne crois pas avoir jamais entendu, depuis M. de Martignac, un rapporteur plus intelligent et plus disert, et M. Sauzet doit cet avantage à la réunion de trois qualités qui constituent les rapporteurs éminents, savoir : la clarté, la mémoire et l'impartialité. »

En quittant le ministère de la justice, M. Sauzet rentra dans les rangs de l'opposition. Il prit la parole dans la session de 1837 pour l'intervention en Espagne, lors de la discussion de l'Adresse. Plus tard, dans la

même session, il parla contre la loi de disjonction avec tant de force et d'éloquence
qu'il fit écarter par la question préalable,
comme contraire à la Charte, un amendement
qui tendait à distraire les accusés de leurs
juges naturels, en les livrant en certains cas à
la juridiction des conseils de guerre[1]. La loi
de disjonction fut repoussée, et son rejet
entraîna la chute du cabinet. Le 15 avril,
M. Molé en forma un nouveau d'où furent
exclus M. Guizot et ses amis.

Sous le nouveau cabinet, pendant la session
de 1838, M. Sauzet, bien que resté opposant
avec ses anciens collègues sur la question politique extérieure, prêta loyalement son con-

[1] M. Rittiez, dans son *Histoire du règne de Louis-Philippe,* t. II, p. 235, passe sous silence le discours décisif
de M. Sauzet.

cours au gouvernement pour les lois d'affaires.

Ce fut sur son beau rapport que fut votée la loi du 27 avril sur les mines. Cormenin, peu bienveillant d'ordinaire pour M. Sauzet, fut émerveillé des talents hors ligne dont il fit preuve dans cette discussion. « Avec quelle science profonde, dit-il, avec quelle justesse d'esprit, avec quelle habileté de dialectique il a conduit le débat sur la loi des mines ! Autant sa parole est pompeuse quand il pérore, trop pompeuse, autant elle est simple, élégante et belle quand il discute. Il n'oublie aucune grave objection, et il y réplique à l'instant même. Il ne craint pas de s'enfoncer, parce qu'il sait où il va poser le pied. Il ne se laisse pas emporter aux personnalités de l'injure et il ne substitue pas les épigrammes aux raisonnements, ni les hypothèses aux réalités de la question. Son esprit conserve toute sa solidité et toute sa puissance, et sa marche est toujours progressive, logique et ferme... Il sera, quand il le voudra, le premier orateur d'affaires de la Chambre [1]... »

Ce fut, comme on le sait, pendant la session de 1839 que se forma la coalition. L'opposition, dont M. Sauzet faisait partie, vit venir à elle M. Guizot et ses amis. M. Sauzet parla contre le ministère, dans la discussion de l'Adresse[2]. Le cabinet l'emporta à une faible majorité, donna sa démission, la reprit, puis prononça la dissolution de la Chambre.

M. Sauzet fut réélu député. Les nouvelles élections donnèrent la majorité à la coalition.

[1] *Le livre des orateurs*, p. 397 à 410.
[2] M. Rittiez, dans son tome II, p. 292 et suivantes, omet de parler de ce discours de M. Sauzet.

On sait quel nombre de combinaisons ministé-
rielles furent tentées pendant ces deux mois
d'interrègne. Sur presque toutes figurait le
nom de M. Sauzet, tantôt comme garde des
sceaux, tantôt comme ministre du commerce
et des travaux publics ; mais toutes ces combinaisons finirent par avorter. M. Sauzet, alors
en Normandie, fut mandé par le Roi ; il se
hâta de revenir pour faire agréer son refus.

Le lendemain, l'émeute du 12 mai amena la
formation d'un cabinet présidé par le maréchal
Soult, et qui, en présence du péril, consacrait la réconciliation du centre droit et du
centre gauche. M. Passy qui, depuis trois se-
maines à peine, avait été nommé président de la
Chambre, par suite de l'union de ces deux
éléments, entrait dans le nouveau cabinet. La
présidence devenait vacante. La réunion des

deux centres porta M. Sauzet, et toutes les oppositions M. Thiers. M. Sauzet fut élu, le 14 mai 1839, par 213 voix contre 206. Il n'avait pas quarante ans, et il était appelé à présider une Chambre où siégeaient les Guizot, les Broglie, les Molé, les Thiers, les Berryer, les Lamartine!

Ici commence la plus longue période de présidence continue qui ait eu lieu sous la monarchie constitutionnelle. Elle ne devait finir qu'avec elle. M. Sauzet fut élu dix fois pendant neuf ans, tantôt contre M. Thiers, tantôt contre MM. Odilon Barrot, Dupin et Lamartine. L'élection de 1848 lui avait donné une majorité plus forte que les précédentes.

Dès le début il se montra à la hauteur de cette difficile fonction, et il sut la remplir avec autant de dignité que de talent et d'intégrité.

Il considéra la présidence comme devant être exclusivement et constamment impartiale. Il pensait que le président ne devait se mêler en aucune façon aux débats de la Chambre, parce que sa participation à des luttes passionnées devait nécessairement affaiblir son autorité. Assurer le respect aux résolutions de la Chambre et protection aux discussions de la minorité fut sa constante ligne de conduite. Que de fois il fut accusé par la majorité d'avoir poussé trop loin cette protection! Suivant lui, son rôle devait surtout consister à poser les questions avec clarté et sincérité, de façon à laisser le champ libre à toutes les opinions. Aussi sa manière de poser la question ne fut-elle jamais discutée, et il s'acquit par là une confiance absolue. Une bienveillance égale pour tous ses collègues lui paraissait aussi un devoir de sa charge, surtout pour faciliter l'accès de la tribune aux débutants. Encourager tous les talents sans acception de parti, afin qu'il fût donné à tous de se produire, tel fut le but qu'il poursuivit sans cesse.

Une telle impartialité lui avait conquis l'estime de tous, même celle de ses plus constants adversaires. M. Dupin, écarté tant de fois du fauteuil par son jeune rival, s'est laissé entraîner à lui rendre justice sur bien des points : « M. le président Sauzet, dit-il dans ses *Mémoires*, est essentiellement un homme de bien; il est doué d'éminentes qualités; une noble prestance, une voix sonore, une élocution brillante : il était aussi capable de bien exposer que de bien résumer les questions dans une cour de justice ou dans un Conseil d'État. Il a été excellent avocat, orateur habile en maintes occasions, bon garde des sceaux, homme foncièrement moral et religieux... Ajoutons des dons particuliers : une grande affabilité de manières, des paroles caressantes pour le plus grand nombre, courtoises pour tous, un soin infini de ménager les amours-propres, et le bonheur de n'en blesser aucun... »

Avec quel art ne savait-il pas apaiser les conflits personnels entre ses collègues ; prévoir les orages, afin de n'avoir pas à les dominer, entretenir entre les pouvoirs une harmonie qui ne fut jamais livrée à aucun choc. Il savait parler au Roi au nom de la Chambre, et à la Chambre en son propre nom, de manière à ne froisser aucune opinion. Il fut, s'il est permis de s'exprimer ainsi, le juge de paix de la Chambre.

C'était surtout dans les lois les plus compliquées qu'il consacrait tous ses soins à la direction des débats. Sans prendre de notes, il résumait la discussion avec une admirable clarté, exposait les divers amendements qui se croisaient, sans omettre aucune de leurs nuances, et faisait voter la Chambre en pleine connaissance de cause.

Un grand nombre de lois importantes furent votées sous sa présidence. Bornons-nous à citer les plus essentielles : les lois sur la saisie immobilière, sur l'expropriation forcée pour cause d'utilité publique, sur les patentes, sur la police des chemins de fer, sur toutes les concessions de chemins de fer et leurs cahiers des charges, sur les irrigations, le travail des enfants dans les manufactures... Plusieurs de ces lois sont de véritables codes [1].

Mais tous ces grands et utiles travaux allaient

[1] *Mémoires de Dupin*, t. IV, p. 477, 488, 493 et 494.

avoir un terme. La révolution de février éclata.

On connaît les banquets réformistes, les orages de la discussion de l'Adresse, précurseurs de ceux de la rue, les journées des 22, 23 et 24 février, les premières luttes, la retraite du ministère Guizot; les ministères Molé, Thiers et Barrot se succédant d'heure en heure avec une effrayante rapidité; le commandement des troupes confié au maréchal Bugeaud, aussitôt retiré et remis à Lamoricière, l'ordre donné aux troupes de ne pas se défendre [1], la désorganisation de la force publique qui en fut la conséquence, tant de concessions impuissantes, symptômes avant-coureurs de l'abdication du roi Louis-Philippe. « Le désordre était partout, la résistance nulle part. » La

[1] *La Chambre des députés et la révolution de Février*, par M. Paul SAUZET, p. 229 à 374.

Chambre avait continué ses séances le 22 et le 23 ; elle était restée étrangère aux événements accomplis du 23 au 24. Tous étaient dirigés contre elle. Il s'agissait de lui livrer le dernier assaut. Le cri de *Vive la Réforme!* était le cri de ralliement de l'insurrection. Le ministère Guizot, jeté par terre, représentait la défaite de la majorité ; les nouveaux ministres avaient exigé et obtenu la dissolution de la Chambre. L'annonce de cette dissolution était affichée dans Paris, et d'heure en heure la Chambre s'attendait à en recevoir la notification officielle. Mais aucune communication ne lui fut faite ni de la part du Roi, ni des nouveaux ministres. Ainsi frappée d'impuissance, condamnée à mort, elle crut pourtant qu'il était de son devoir de se considérer encore comme légalement existante et de prêter au pouvoir le concours d'un reste d'autorité sans force et sans crédit.

Le président devança l'heure de la séance publique. A peine était-elle ouverte qu'on lui apprit l'abdication du Roi et l'arrivée de madame la duchesse d'Orléans, qui entra aussitôt accompagnée de ses enfants et de M. le duc de Nemours.

On connaît toutes les péripéties de cette émouvante séance : les acclamations en faveur de la régence et de la princesse, aussitôt suivies des invasions menaçantes de l'émeute. Ce fut en vain que le président essaya de lutter pour maintenir l'ordre contre la violence et de défendre les derniers vestiges de la monarchie constitutionnelle [1]. Une nouvelle et dernière invasion sortant du sac des Tuileries, et portant

[1] *Moniteur* du 25 février. LAMARTINE, *Histoire de la révolution de Février*, t. II, p. 45. Voir les lettres de Lamartine et du général Bedeau.

au bout de ses piques les débris du trône, força
la princesse à chercher un abri dans l'hôtel de
la présidence. Nombre de députés la suivirent,
les autres s'étaient retirés. Malgré le tumulte et
les vociférations des vainqueurs, le président
resta en séance, espérant encore que le général
Bedeau, dont il avait requis l'assistance, fini-
rait par se montrer, et comptant toujours sur
l'ascendant et la parole de Lamartine [1]. Mais la

[1] Voici comment Lamartine, dans son *Histoire de la révolution de 1848*, a raconté cet épisode : « M. Sauzet annonce d'une voix ferme, mais émue, que la duchesse d'Orléans et ses enfants vont entrer dans la salle... L'enthousiasme n'a qu'un éclair comme la foudre; si on le relève,
on y a échappé. M. Sauzet essaye de le ressaisir : « Mes-
» sieurs, dit-il à son tour, il me semble que la Chambre,
» par ses acclamations unanimes... » Les députés se sou-
lèvent contre l'insinuation du président, qui a voulu cons-
tater l'acclamation de quelques-uns comme le vote de
tous. »

Lamartine, qui voulait gagner du temps et laisser les
choses arriver au pis, demanda au président, c'est ce qu'il

force publique, désorganisée et paralysée par de nouveaux ordres de ne pas se défendre, avait livré elle-même passage à l'émeute sur la place de la Concorde. Quant à Lamartine, qui jusque-là avait défendu la régence de madame

avoue lui-même, « de suspendre la séance par le double motif du respect dû à la représentation nationale et du respect dû à l'auguste princesse... » Pendant ces pourparlers, de nouvelles invasions pénétraient dans la Chambre. « Le président, poursuit Lamartine, se couvre en signe de détresse et de violation de l'Assemblée. Signe tardif! A ce signe, le peuple irrité menace le président de la voix et du geste. Un homme s'élance vers lui et lui enlève son chapeau pour sauver sa vie par ce signe de respect forcé à la victoire. Un ouvrier ajuste le président. Il quitte son fauteuil pour éviter un prétexte au crime, descend précipitamment les marches et sort de la salle. »

Voici de quelle manière s'expriment les *Procès-verbaux des séances de la Chambre des députés*, session de 1848 : « L'invasion des tribunes par des hommes armés produit un long tumulte contre lequel M. le président lutte en vain. Les cris de : « A bas la Chambre! Pas de députés! » se font entendre. Le président dit que, puisqu'il ne peut obtenir le silence, il déclare la séance levée. Il quitte le fauteuil. »

la duchesse d'Orléans, lors de la discussion de
la loi qui la déféra au duc de Nemours, on peut
lire dans son *Histoire de la Révolution de Février*
les motifs qui le décidèrent à la combattre, et
à demander le gouvernement provisoire,
c'est-à-dire la République. Des cris frénétiques
l'appuyèrent, de nouveaux envahisseurs se
précipitèrent en demandant la déchéance des
Bourbons ; des fusils furent braqués contre le
bureau [1]. Le président, ainsi que le constate le
Moniteur du 25 février, n'en demeura pas moins
au fauteuil et fit de nouveaux efforts pour rétablir l'ordre, mais voyant, au milieu de cet
affreux tumulte, que la proclamation de la République allait être mise aux voix et votée par

---

[1] Les faits du fusil dirigé contre le président et de la
levée de la séance sont inexactement rapportés par M. Rittiez dans son tome II, p. 435. Il suffit, pour s'en assurer,
de consulter le *Moniteur*.

la multitude, au milieu de laquelle étaient per-
dus quelques rares députés, il ne voulut pas
consacrer cet acte révolutionnaire par sa présence. Il fit une dernière sommation de rétablir
l'ordre, et déclara que, ne pouvant obtenir le
silence, il levait la séance. Suivi des membres
du bureau, il rentra à l'hôtel de la présidence;
il veilla à la sûreté de madame la duchesse
d'Orléans et assura son départ pour l'Hôtel des
Invalides, qu'elle avait choisi pour asile, et
qu'elle fut obligée de quitter avant la fin du
jour. On apprit bientôt que le Roi, la duchesse
d'Orléans et les princes avaient quitté la France,
et que l'armée, la magistrature, le clergé et le
pays avaient unanimement reconnu la République. Ce fut alors seulement que M. Sauzet

---

1 « La Chambre, écrivait à quelque temps de là M. Sauzet, a résisté quand tout avait cédé. Le Roi était parti,
son château envahi, son trône profané, la république trô-

quitta Paris pour se retirer dans sa ville natale.

Divers jugements ont été portés sur le rôle et l'attitude du président pendant cette mémorable séance, et quelques historiens, sans prendre la peine d'examiner suffisamment la question, ont fait peser sur lui toute la responsabilité de l'écroulement suprême. Les uns l'ont accusé de ne pas avoir résisté jusqu'à la dernière extrémité, et ils oublient que le président n'avait pas le droit de requérir directement la force armée et que, d'ailleurs, toutes

nait à l'Hôtel de ville et sur mille barricades ; et la Chambre, seule, abandonnée du pouvoir anéanti, de l'armée désorganisée, de la garde nationale en stupeur et de la population en délire, luttait pendant deux heures encore, au milieu des angoisses, contre l'émeute armée!... Elle s'est retirée quand l'émeute a voulu la retenir pour se faire sacrer par elle, et quand sa persistance fût devenue de la complicité! » (*La Chambre des députés et la révolution de Février.*)

4.

ses réclamations auprès du pouvoir, pour que la Chambre fût protégée contre l'invasion, furent stériles.

M. Dupin, au contraire, lui reproche d'être resté obstinément au fauteuil, « quand, d'une part, dit-il, l'invasion des étrangers dans la salle n'avait pas cessé d'augmenter, et que, d'autre part, les seules propositions portées à la tribune impliquaient la méconnaissance du gouvernement royal, la révolte contre son autorité, la ruine de la Constitution. Rester en séance, dans de telles circonstances, poursuit-il, c'était maintenir un champ de bataille pour les factieux. Ils occupaient seuls et d'une manière compacte l'hémicycle et les couloirs. Le président était totalement séparé de ses collègues... Sa présence au fauteuil ne servait qu'à perpétuer cet état violent... Le président

devait alors ordonner l'évacuation de la salle...
Deux heures auparavant, si la séance eût été
levée, les factieux n'auraient pas su où aller! La
tribune leur eût été enlevée. Ils n'auraient pas
eu pour eux le simulacre d'une séance se pro-
longeant avec une apparence de droit, sous les
yeux du président. »

Toutes les circonstances des faits, et tous ces
jugements contradictoires sur la conduite de
M. Sauzet, au 24 février, prouvent suffisamment à quel point il serait injuste de faire peser
sur la tête d'un seul homme, entièrement dé-
sarmé, et abandonné par le pouvoir lui-même,
toute la responsabilité des événements. Que
l'on veuille se reporter à tous les faits ana-
logues qui se sont produits en France depuis 89.

Dans la fameuse séance du 1ᵉʳ prairial, Boissy

d'Anglas, malgré son ferme courage, ne put préserver l'Assemblée contre la violence populaire; il fut arraché à son fauteuil, et il eut la douleur de voir décréter sous ses yeux mêmes, par une partie des Montagnards, les articles contenus dans le manifeste de l'insurrection.

De quel héroïsme firent preuve les deux Conseils devant les baïonnettes dirigées contre eux par l'homme du 18 brumaire?

Quelle résistance put opposer M. Buchez aux envahisseurs du 15 mai?

M. Dupin, au 2 décembre, vint-il siéger dans son fauteuil, au milieu des députés réunis au X⁰ arrondissement, pour nous apprendre comment un vieux Romain savait mourir sur sa chaise curule ?

M. Rouher, président du Sénat, et M. Schnei-

der, président du Corps législatif, ont-ils pu
repousser par la force les vainqueurs du 4 septembre?

Que faut-il conclure de tous ces rapproche-
ments? C'est que les mêmes circonstances étant
données, les mêmes faits se produiront sans
cesse d'une manière presque semblable. C'est
que nos Assemblées délibérantes ne sont point
organisées pour la résistance; c'est que, livrées
à elles-mêmes et sans secours du pouvoir exé-
cutif, elles sont impuissantes à se défendre, et
que rien n'est plus facile aux émeutiers que de
les envahir et de les disperser lorsqu'elles
siégent au milieu de grands centres populeux.
Les fondateurs de l'Union américaine ont si
bien prévu le danger des coups de main contre
leurs Assemblées, qu'ils ont eu soin de les
installer dans une ville peu importante et dont

ils ont assuré la neutralité. Quant à nous, c'est seulement après les plus cruelles expériences que nous avons enfin compris que Versailles offrait plus de sécurité que Paris.

Victime de la force des choses, comme ses prédécesseurs et comme ses successeurs, M. Sauzet n'est pas plus responsable, qu'ils ne doivent l'être eux-mêmes, du dénoûment [1].

Le temps n'est plus où le président Molé pouvait imposer aux factieux par l'intrépidité de son attitude. Aujourd'hui le président Molé deviendrait un otage.

[1] Il est bien entendu que je n'entends parler que des présidents d'Assemblées qui ne furent pas les complices des fauteurs de coups d'État.

III

Depuis cette grande catastrophe, M. Sauzet renonça sans retour à la vie publique. Il sut résister jusqu'à la fin aux sollicitations des électeurs comme aux offres du pouvoir. Profondément chrétien, il supporta ce terrible coup de la fortune avec une résignation et une dignité calme que l'on ne retrouve guère parmi les grands disgraciés de la politique, qui n'ont eu d'autre mobile que leur ambition. « Nous l'avons entendu parler du pénible dénoûment de sa carrière de président, a dit un témoin oculaire [1], avec une humilité toute chrétienne. Le souvenir de cet échec immérité était, nous disait-il, un moyen qu'il employait pour dompter l'orgueil lorsqu'il le sentait renaître. » Le barreau lui réservait encore d'éclatants succès; il y eût toujours occupé le premier rang; il y eût trouvé une puissante diversion aux mécomptes de la politique; ses meilleurs amis le pressaient d'y rentrer; ses collègues eussent été heureux et fiers de l'entendre et de le retrouver parmi eux. Tout entier désormais à des pensées plus hautes, il ne céda point à la tentation. Mais en se montrant désintéressé de toute ambition personnelle, il ne se désintéressa jamais de la chose publique. Il n'oublia pas ce qu'un homme de sa valeur doit à son pays, et, du fond de sa retraite, il s'appliqua sans cesse

[1] M. Étienne Récamier, dans le journal *le Français*.

à le servir avec le même dévouement que s'il eût été à la tête des affaires. Dès qu'une grande cause religieuse ou sociale se présentait, il était toujours prêt à la défendre de sa plume et de ses conseils.

Au profond chagrin que lui avait causé la chute de la monarchie constitutionnelle, vinrent se joindre d'immenses douleurs, d'irréparables pertes de famille. Il vit disparaître tour à tour ses quatre enfants et une femme aussi éminente par les dons de l'esprit que par ceux du cœur, — le seul et constant amour de sa vie [1].

---

[1] Mademoiselle Emma Baboin, sa cousine germaine, qu'il avait épousée alors qu'il n'avait que vingt-quatre ans et qu'elle était dans tout l'éclat de sa beauté. C'était une blonde aux grands yeux bleus, d'une grâce, d'une distinction accomplies. Elle aimait la littérature et les beaux-arts, et en parlait avec un choix d'expressions exquis. Les

« L'infortune élève et fortifie les grandes âmes, elle ajoute à la vertu, suivant l'expression de Bossuet, *ce je ne sais quoi d'achevé.*

« M. Sauzet trouva sa consolation dans les lettres et dans la religion. Il devint un chaud défenseur de la foi chrétienne, qu'il affirma hautement sans ostentation, mais avec sérénité et un grand courage. On était confondu de son esprit d'humilité et de résignation, qui ne changeait rien cependant à ses habitudes de courtoisie gracieuse, d'esprit aimable et enjoué. Comme Montalembert et Cochin, il savait allier les sentiments profondément chrétiens avec les devoirs du monde, avec les études scientifiques et littéraires. La piété la plus austère ne le

grandes réceptions lui plaisaient peu, ce qui ne l'empêchait pas de faire les honneurs de son salon de la présidence avec autant de tact que de dignité et de bonne grâce.

détournait pas des charmes de la vie sociale.
Sa foi dans l'immortalité et dans une vie future
était si vive qu'il répondit un jour à un de ses
amis, magistrat éminent, qui a été, lui aussi,
une des pures gloires du barreau lyonnais,
que, « malgré le chagrin amer qu'il avait eu de
perdre ses enfants dans l'âge le plus tendre, il
était heureux de les avoir eus, parce qu'il était
certain de les revoir [1] ».

Les témoignages abondent pour nous montrer le chrétien et l'homme privé, à cette époque
de sa vie, sous les aspects les plus élevés et les
plus touchants. Qu'il me soit permis d'en re-
cueillir quelques-uns.

Il avait été, dit un autre de ses amis, dans
un langage plein d'émotion et de grâce, « un

[1] Discours de M. le docteur Texier aux funérailles de
M. Sauzet.

type d'élévation, de désintéressement, d'aménité dans le caractère et de courtoisie dans la lutte. Jamais il ne lui échappa un mot cruel, jamais il ne fit une blessure, et les combats sans merci de la politique ne parvinrent pas à lui faire un ennemi. Quand il se fut volontairement exilé de l'arène, son universelle et sympathique bonté hérita de tous les autres trésors de cette nature éminente. Il ne voulut plus faire que du bien, prononcer que de bienveillantes paroles, vivre que dans l'harmonie et la douceur avec tous [1]... »

« A la suite de cette grande défaite, ajoute de son côté un éminent magistrat qui l'a connu, lui aussi, pendant cette période de sa vie, M. Sauzet est devenu un homme suivant l'Écri-

[1] Discours de M. Gayet, bâtonnier de l'ordre des avocats de Lyon, aux funérailles de M. Sauzet.

ture... Il a demandé à la religion des consolations, surtout pour ses douleurs privées, qui ont été immenses et qui lui ont fait, au sein de la plus belle famille, une involontaire et cruelle solitude, et il a trouvé dans Dieu et dans l'Église les amitiés définitives de sa vie. Cette partie de son existence est admirable et d'un bel exemple; il a passé quelques années à Rome; il en a respiré tous les parfums, senti et célébré toutes les splendeurs..... Mais il est revenu à Lyon, sa ville natale, retrouver ses amis d'enfance et s'en faire de nouveaux et d'innombrables parmi les pauvres. Il a mêlé à des œuvres pieuses et charitables un commerce d'esprit charmant, dont jouissait avec bonheur l'élite de cette ville savante et lettrée[1]... »

[1] M. Oscar de Vallée, *Gazette des tribunaux* du 27 juillet 1876.

Levé de grand matin, l'ancien garde des sceaux de France se rendait chaque jour à l'église d'Ainay, pour y entendre la messe, perdu dans les rangs des humbles et des petits. Rentré chez lui, il donnait audience aux pauvres comme aux riches, et avec une simplicité et un désintéressement antiques, il devenait leur avocat consultant, leur homme d'affaires. Ses aumônes étaient aussi abondantes que secrètes [1].

Tous ces devoirs d'un vrai chrétien ne l'empêchaient pas de rester homme du monde. Au milieu de sa nombreuse famille, qui compte

---

[1] M. Prosper Dugas, si connu à Lyon pour sa bienfaisance, est peut-être le seul à savoir tout ce qu'il a fait pour les malheureux. On n'ignore pas à Lyon quelle somme considérable il leur a laissée par son testament, bien que sa fortune fût assez modeste pour un homme qui avait fait une si grande figure dans le monde.

tant d'hommes distingués[1] et de femmes charmantes, comme avec ses nombreux amis, il se montrait toujours affable, prévenant, souriant, expansif, d'une intarissable gaieté. L'orateur descendait souvent de sa tribune, l'ancien président de son fauteuil, et n'avait pas de plus grand plaisir que de se livrer sans contrainte à sa passion bien connue pour les jeux de mots.

Cette passion était irrésistible. Que de fois n'a-t-il pas déridé la Chambre au milieu des plus graves discussions par un de ces mots piquants, qui partait malgré lui comme une flèche et qui était répété le lendemain par

[1] Qu'il me soit permis de citer en première ligne M. Juan Sauzet, avocat général à la Cour d'appel de Lyon, M. Henri Baboin, ancien député de l'Isère, et M. Aristide Dumont, ingénieur en chef des ponts et chaussées.

tous les échos de la presse! Aussi nombreux sont les dialogues plaisants qu'on lui a fait tenir avec Dupin, que ceux prêtés par les Romains de tous les temps aux statues de Pasquin et de Marforio.

Parfois sa conversation prenait un tour plus sérieux.

Tous ceux qui ont eu le bonheur de vivre dans son intimité ne perdront jamais le souvenir de ses entretiens si variés, si vivants, si intéressants, qui roulaient tour à tour sur la politique, la littérature, l'histoire et bien d'autres sujets encore. Rien de plus vif que ces monologues pleins de verve et d'imagination, auxquels il ne pouvait s'empêcher de donner un tour oratoire.

Lyon était sa ville de prédilection; il ne put

jamais se résoudre à la quitter pour un plus grand théâtre. Il y était enchaîné par toutes les affections les meilleures de sa vie, par tous ses plus chers souvenirs, entouré de respects et de sympathies. Il était le premier de la grande cité; personne ne lui disputait le pas. Il se laissait bercer doucement aux caresses de ses nombreux amis, à la sincérité de leur admiration sans nuages. On comprend pourquoi il a voulu rester avant tout Lyonnais.

Au sein de sa retraite volontaire, il consacra une partie de son temps à l'étude des lettres, de la philosophie du droit et des questions religieuses vers lesquelles l'appelaient les croyances de toute sa vie.

Pendant cette période, il composa plusieurs écrits remarquables à quelques points de vue. Nous citerons entre autres : *la Cham-*

bre des députés et la Révolution de Février, ouvrage dans lequel il raconte la dernière journée de la Chambre qu'il présida, et restitue à qui de droit la responsabilité que certains historiens on essayé de faire peser sur sa tête. Dans cet écrit il fait appel, l'un des premiers, et bien avant le 2 décembre, à la réconciliation des partis par l'union des deux branches de la maison de Bourbon, en combinant les traditions de la monarchie héréditaire avec les garanties du gouvernement constitutionnel [1].

[1] M. Sauzet y exprime le désir que le chef de la maison de Bourbon adopte le drapeau tricolore en le semant de fleurs de lis, afin de consacrer par ce signe visible l'alliance du passé avec les conquêtes légitimes de la Révolution. Lors de la première Restauration, le général Foy exprima le premier ce vœu, et cette idée ingénieuse avait souri à la muse populaire de Béranger. Qu'on nous montre, s'écrie-t-il dans un noble mouvement patriotique :

... Les fleurs de lis de Bouvines
Sur le drapeau d'Austerlitz.

Plus tard, comme tant d'esprits éminents, comme tant d'hommes de bien, il eut la douleur de voir échouer ce grand projet dont la réalisation eût rendu le trône de France au plus noble prince de ce temps, fixé utilement l'hérédité dans une famille dont tous les membres sont si dignes de lui, mis fin à nos discordes, assuré le repos, la liberté et l'avenir de la France, maintenu ce qu'il y a de légitime et de praticable dans les réformes de la Révolution, tranquillisé l'Europe, et renouvelé enfin des alliances depuis si longtemps rompues, et devenues plus que jamais nécessaires.

Désormais dégagé de toute ambition personnelle, M. Sauzet ne s'attacha plus qu'à défendre les grands principes qui sont la base même et la sauvegarde de toute société bien organisée. Dans ses *Réflexions sur le mariage civil et*

le mariage religieux en France et en Italie, avec
l'autorité que lui donnait son ancien titre de
ministre des cultes, il essaya de faire prévaloir
le rétablissement du caractère religieux du
mariage en le conciliant avec le maintien de
l'indépendance du pouvoir civil et la liberté
des cultes.

Dans ses *Considérations sur les retraites
forcées de la magistrature,* ancien garde des
sceaux, il combattit avec autant de force que
de logique le décret de l'Empire, comme portant atteinte à l'inamovibilité des juges et à
l'autorité de la vieillesse.

Enfin, comme catholique, au moment où la
papauté était si gravement menacée dans ses
intérêts temporels et spirituels, il prit sa dé-
fense dans deux écrits qui eurent un grand retentissement :

Rome devant l'Europe [1] et *les Deux Politiques de la France et le partage de Rome* [2]. Il n'est pas une de ses tristes prédictions qui ne se soit réalisée et dont le funeste accomplissement n'ait mis au jour toute la perspicacité de l'homme d'État [3].

Enfin, depuis plusieurs années, M. Sauzet s'occupait d'un grand travail sur les réformes qu'il convient d'introduire dans le Code Napoléon. Nous avons entendu la lecture de plusieurs chapitres de cet ouvrage d'une importance capitale, auquel l'auteur a presque mis

[1] Trois éditions dans la même année, la troisième avec un important appendice.

[2] Deux éditions en France et une traduction en italien.

[3] La deuxième partie de *Rome devant l'Europe,* consacrée à des réflexions sur l'introduction du Code civil à Rome, est surtout digne de fixer l'attention des jurisconsultes et des publicistes.

la dernière main. Il y examine toutes les questions qu'il traite, avec une pénétration, une
profondeur, une autorité et une élévation qui
font le plus grand honneur au jurisconsulte et
au philosophe. Pour connaître les diverses
conditions de la famille dans nos sociétés mo-
dernes, il avait lu et médité tous les codes de
l'Europe, et, sans prendre la moindre note, il
avait classé dans sa prodigieuse mémoire tous
les points essentiels. C'est à l'aide de cette
immense lecture et de ses connaissances appro-
fondies en droit romain comme en droit français, qu'il s'est attaché à démontrer victorieu-
sement que le Code Napoléon est loin d'être un
chef-d'œuvre de législation, et qu'il serait
indispensable, dans bien des cas, de le ramener
à des principes plus équitables [1].

[1] Pour n'en donner qu'un seul exemple, nous citerons
le cas de la femme mariée qui, lorsque son mari meurt *ab*

Dans cet ouvrage, M. Sauzet manie avec autant de facilité que de supériorité cette belle
langue du droit, sobre, transparente, sans or-
nements superflus, dont il avait si bien le
secret. Dès que cet ouvrage sera publié par les
soins de son digne neveu, M. Juan Sauzet [1],
nous ne doutons pas qu'il ne fixe la réputation
de l'éminent publiciste parmi nos générations
trop oublieuses, et que son nom n'ait sa place
marquée à côté des premiers disciples de Mon-
tesquieu, des Tracy, des Tocqueville, des
Troplong, des Taine [2] et des Le Play.

Peu de temps avant sa mort, M. Sauzet avait

intestat, n'arrive à la succession qu'après les collatéraux
jusqu'au sixième degré, c'est-à-dire qu'elle en est exclue
le plus souvent. Et cette monstrueuse anomalie subsiste
encore malgré l'abolition du divorce.

[1] Avocat général à la Cour d'appel de Lyon.

[2] *Origines de la France contemporaine. L'ancien régime.*

eu la pensée de faire des diverses parties de cet ouvrage l'objet de conférences à Paris. Le savant jurisconsulte eût été appelé, nous n'en doutons pas, au même succès que le jeune et brillant orateur de la Cour des pairs, car, sans parler du mérite de l'œuvre, il avait conservé, dans presque toute sa plénitude, la beauté de son organe. Malheureusement pour sa renommée, la mort l'a surpris trop tôt.

M. Sauzet fut élu plusieurs fois président de l'Académie de Lyon. Nous ne pouvons mieux faire que de céder la parole à l'un de ses honorables collègues qui tout récemment, sur sa tombe, rappelait avec émotion quels furent ses titres et son rôle au sein de cette société savante :

« La retraite de M. Sauzet, disait-il, qui fut

une douleur pour le barreau, devint un bonheur pour l'Académie. Il consacra de longs instants à cette compagnie, qui a eu la rare bonne fortune de recevoir le dépôt précieux de ses nombreuses et belles inspirations, et où il trouva, d'ailleurs, les charmes de la plus douce confraternité. — L'Académie, heureuse de l'avoir reconquis, l'éleva cinq fois au moins à la présisidence, c'est-à-dire aussi souvent que les règlements le permettaient. Elle était fière de pouvoir mettre à sa tête un homme qui lui apportait les dons les plus éblouissants : l'éclat de la parole, un vaste savoir, une mémoire tenant du prodige, la sûreté du jugement, la rapidité du coup d'œil, un talent d'analyse et de résumé incomparable, l'habitude d'embrasser les questions dans leur ensemble et de les voir du point le plus élevé.

« A l'Académie, nous eûmes souvent l'occasion de l'entendre et de l'admirer. Dans nos séances publiques, il a prononcé plusieurs discours mémorables : un *sur l'Italie*, un autre *sur les caractères distinctifs du caractère lyonnais* ; un *Éloge de Ravez*, dont les passages les plus saillants pourraient servir à tracer fidèlement le portrait de notre collègue ; un *Éloge de Vitet*, dont la nature lui était aussi des plus sympathiques, parce qu'elle avait de grands points de ressemblance avec la sienne ; de nombreuses allocutions sur *André-Marie* et *J.-J. Ampère*, sur le *Premier président Gilardin*, sur le *cardinal Billet*, *Mgr Ginouilhac* et *Mgr Plantier*, toutes empreintes de la science la plus étendue et des sentiments les plus délicats... »

A cette liste de discours funèbres, ajoutons l'*Éloge de M. de Chantelauze*. Cette œuvre, d'un sentiment exquis, avait attiré l'attention du plus grand de nos critiques, et je suis heureux de pouvoir citer ici son témoignage plein d'autorité : « Mon cher ami, m'écrivait Sainte-Beuve, le 23 avril 1868, je reçois et je lis l'Éloge de M. votre oncle par M. Sauzet. Je suis fort intéressé par le fond ; la figure du digne magistrat qui fut sacrifié par la politique y est largement dessinée. La lettre du 18 mai à M. votre père est d'une vraie beauté morale [1]... »

Au sein de l'Académie de Lyon, M. Sauzet sut montrer sous de nouveaux aspects le talent oratoire qui l'avait illustré au barreau et à la tribune. Nul n'a parlé mieux que lui cette langue

Cette lettre de mon oncle, adressée à mon père, a été reproduite dans le *Moniteur,* au compte rendu du procès des ministres.

académique, dont le genre exige avant tout l'ampleur, l'élégance, la finesse, la variété et l'harmonie.

Ce qui, par-dessus tout, dominait en lui, c'était l'orateur. Tous ses écrits, presque sans exception, toutes ses lettres mêmes ont une forme oratoire :

Quidquid tentabam scribere versus erat.

Ses pensées se succédaient trop nombreuses et trop rapides pour que sa plume pût y suffire. C'est ce que lui avait appris l'expérience. Aussi, pendant les dernières années de sa vie, avait-il pris le parti de dicter les ouvrages qu'il destinait à l'impression, sauf à revoir ensuite ce premier jet à tête reposée. Non-seulement il savait écouter les conseils de ses amis, mais il allait au-devant de leurs critiques avec la plus entière confiance et l'abandon le plus charmant, tenant compte de leurs observations, lorsqu'elles lui paraissaient justes, avec une modestie et une docilité bien rares parmi les écrivains, et leur résistant avec douceur lorsqu'il croyait avoir raison.

Au sein de sa retraite, il avait conservé d'illustres amis, dont plusieurs étaient en correspondance avec lui : MM. Guizot, Vitet, de Falloux, l'évêque d'Orléans, Victor de Laprade. Jamais un grand personnage de la belle époque parlementaire ne traversait Lyon sans lui rendre visite.

Lorsque la chute de l'empire eut ramené quelques-uns de ses anciens amis aux affaires, ils eurent le bon goût de lui demander son concours. Il persista dans son refus de rentrer dans la vie publique, mais il se fit un devoir de leur prêter l'appui de son expérience et de ses lumières.

« Combien de fois nous l'avons vu, dit M. Récamier, rédiger, avec son intelligence lucide, des mémoires destinés à M. Thiers, à M. Dufaure, aux ministres qui réclamaient ses conseils. Il les faisait tous précéder d'un exposé de la situation politique en Europe, où l'on sentait à chaque phrase l'homme de grand savoir et de grande expérience... Dévoué à cette politique qui reposait sur l'union des centres et de la droite, il lisait avec émotion les discours de l'évêque d'Orléans, du duc de Broglie, de M. Buffet. Ceux qui l'ont vu dans de pareils moments savent avec quelle souplesse d'intelligence il proposait la solution, avec quels élans de patriotisme il s'associait à toutes les épreuves de son pays... »

Malgré son grand âge, il ne refusait jamais d'accomplir une mission qu'il considérait comme un devoir. On sait avec quelle vaillance il partait l'année dernière pour Saint-Malo, en qualité de président de l'Académie de Lyon, pour assister à l'inauguration du monument funèbre de Chateaubriand, et avec quels accents émus il louait surtout dans le grand homme son immuable amour pour la liberté! Hélas! ce discours devait être le dernier.

Il avait vu disparaître avec douleur plusieurs des hommes éminents dont il partageait les idées politiques ou religieuses : Montalembert, Berryer, Ozanam, Lacordaire, Guizot, Vitet, Cochin, le Père Gratry, le duc de Broglie.

De nouveaux deuils de famille étaient venus le frapper au cœur. Il eut le malheur de perdre un frère tendrement aimé [1], d'un dévouement à toute épreuve, et un neveu aussi distingué par les qualités de l'esprit que par celles du cœur. Ce neveu, qui était aussi son filleul, Paul-Eugène Sauzet, docteur en droit, parti volontaire au moment de la guerre contre la Prusse, se fit incorporer dans un régiment de ligne, ne voulut accepter aucun grade, pour rester simple soldat, à l'exemple de La Tour-d'Auvergne, et mourut comme lui au champ d'honneur [2].

[1] M. Romain Sauzet, trésorier des hospices de la ville de Lyon. Inconsolable de la perte prématurée de son fils, Paul-Eugène Sauzet, il n'avait pu longtemps lui survivre. J'ai beaucoup connu ce digne et excellent homme dont j'avais l'honneur d'être l'ami. Son dévouement pour son frère Paul était un véritable culte.

[2] Il faisait partie du 136e de ligne et fut tué à Champigny. Paul-Eugène Sauzet avait assisté à plusieurs affaires sans cesser de faire preuve de la plus grande intrépidité. Voici comment M. L. Stein, sergent-major de sa

Pour conjurer la destinée qui décimait si cruellement sa famille, le noble vieillard, malgré ses soixante-seize ans, voulut entreprendre une dernière fois le pèlerinage de

compagnie, raconte la fin de ce jeune héros : « La compagnie en entier se déploya admirablement bien et marcha résolûment. Une pluie de balles nous passa sur la tête, et je vis couler le sang de plus d'un soldat de ma compagnie. Enfin, après deux heures de fusillade consécutive, j'ai eu la douleur de voir tomber à mes côtés M. Sauzet, traversé d'une balle en pleine poitrine, très-proche du cœur. Il ne poussa qu'un léger cri, et me fit deux signes en levant et en baissant le bras droit. Ses yeux se fermèrent. C'en était fait de ce brave camarade. » « Notre camarade, ajoute-t-il, a emporté les regrets de tous les hommes de la compagnie et de ses supérieurs ; car je dois déclarer qu'il a toujours été désigné comme le plus capable, le plus vaillant, et, mieux que cela, le père des soldats. » Paul-Eugène Sauzet repose à côté des six cent quatre-vingt-cinq braves soldats qui sont tombés sur le champ de bataille de Champigny. Avant la guerre, il s'était montré intrépide touriste, et dans les Alpes il avait gravi des cimes jusque-là considérées comme inaccessibles. Plusieurs journaux de cette région ont raconté ses ascensions, dont plusieurs paraissent fabuleuses.

6

Rome, afin d'appeler la bénédiction de Pie IX sur la tête du dernier héritier de son nom[1]. A la vue de l'homme qui avait défendu sa cause avec tant de zèle et d'éloquence, et qui se présentait à lui accablé sous le poids des ans et des douleurs, le vénérable Pontife fut saisi d'une vive émotion. Il le tint longtemps pressé sur son cœur, puis il étendit la main sur ses deux hôtes, il leur donna sa bénédiction, et, pendant une heure, audience d'une longueur tout exceptionnelle, il leur prodigua les marques d'une extrême affection.

De retour à Lyon, M. Sauzet, brisé par tant d'épreuves, se sentit bientôt au déclin de ses forces. Seule son intelligence restait inalté-

[1] M. Juan Sauzet, avocat général à Lyon, le neveu et le digne héritier de M. Paul Sauzet. Ce fut dans le courant d'avril et de mai 1876 qu'eut lieu ce voyage.

rable. Depuis longtemps, comme les grands orateurs, comme les grands magistrats d'un autre âge, comme les Le Maistre et les Daguesseau, il avait mis un intervalle de préparation entre la vie et la mort.

Le 26 juin, il fit sa dernière sortie pour se diriger vers le cimetière de Loyasse. C'était le jour de sa fête. Hommage touchant et délicat! Il avait tenu, comme c'était tous les ans sa coutume, à déposer sur la tombe de sa femme les bouquets de fleurs qu'il avait reçus la veille.

« Avant de mourir, nous dit un de ses amis, témoin de ses derniers moments, il voulut affirmer encore sa foi en présence du digne et respectable ecclésiastique qui lui adressait les dernières consolations. Sa voix commençait à s'embarrasser, mais il fit un suprême effort et prononça quelques paroles très-distinctes pour remercier le ministre de la religion des grâces qu'il lui apportait[1] » La veille de sa mort, le cardinal Antonelli, prévenu par le télégraphe de son état désespéré, annonça par la même voie que le Saint-Père lui donnait de tout son cœur sa bénédiction. Le moribond la reçut avec joie. Entouré de ses parents et de quelques amis, il vit s'avancer la mort avec sérénité, avec la même douceur qu'il avait toujours témoignée à ses ennemis.

Sa mort a été un deuil public. Une foule immense a voulu l'honorer en assistant à ses funérailles dans le plus profond recueillement[2].

[1] Discours funèbre de M. le docteur Texier, prononcé sur la tombe de M. Sauzet.

[2] Nous croyons devoir signaler les remarquables dis-

Aucun honneur n'aura manqué à la mémoire de l'illustre mort. M. le comte de Paris, dans une lettre pleine de cœur et de nobles sentiments, comme il sait les écrire [1], a voulu rendre hommage au dévouement de l'un des plus fidèles, de l'un des plus grands serviteurs de sa famille.

Enfin, le cardinal Antonelli a exprimé au digne héritier de M. Sauzet [2] toute la part douloureuse que Sa Sainteté et que lui-même prenaient à la perte de cet éminent défenseur du Saint-Siége.

Tel fut M. Paul Sauzet, dont la vie privée

cours que M. Gayet, bâtonnier de l'ordre des avocats, et M. le docteur Texier ont prononcés à ses funérailles.

[1] Lettre adressée à M. Juan Sauzet, neveu de M. Paul Sauzet.

[2] A M. Juan Sauzet, avocat général à la Cour d'appel de Lyon.

fut aussi belle que sa carrière dans le barreau avait été illustre, et que sa vie publique a été utile à son pays. Il fut avant tout et par-dessus tout un grand homme de bien. Nous connaissons peu d'existences plus remplies que la sienne et dont le souvenir mérite mieux d'être gravé dans la mémoire des hommes.